LO QUE DICEN LOS EXPERTOS

"¡Qué lectura tan bien adaptada, divertida y educacional —para chicos y adultos—! *Empieza con P* hace un excelente trabajo cubriendo la ciencia de la anatomía y la pubertad de una manera informativa, amigable y jovial. Los padres apreciarán que aborde temas que pueden resultarles incómodos o difíciles de tratar. Me habría gustado tener este libro al principio de mi carrera de maestra."

—Alexandra Roosenburg, M.T., M.Ed., fundadora y directora,
Capitol Learning Academy, Washington, D.C.

"Si la anatomía humana es un tema tabú en tu hogar, este fabuloso librito va a cambiar tu vida para bien. Maravillosamente escrito y perfectamente ilustrado, explica todo lo que querías saber sobre el pene, pero tenías miedo de preguntar. Científicamente sólido, da mucha información sobre otros mamíferos. *Empieza con P* debería ser de lectura obligatoria para jóvenes de 10 años ¡y para muchos adultos!"

—Don E. Wilson, Ph.D., Curador emérito de Mamíferos,
Museo Nacional de Historia Natural, Washington D.C.

"Como pediatra, sé lo importante que es compartir recursos precisos y apropiados con mis pacientes y sus familias. Los chicos van a disfrutar aprendiendo sobre eso que "empieza con P" a un nivel que pueden entender. ¡Recomiendo muchísimo este libro gratamente honesto y cautivador!"

—Jennifer A.F. Tender, M.D., Pediatra, Washington, D.C.

"¡Un libro único y fascinante! Los padres aprenderán tanto como sus hijos mientras leen juntos este libro maravillosamente informativo. Los datos curiosos sobre los diversos órganos urinarios y reproductores de los mamíferos, y particularmente de los humanos, son cautivantes y extremadamente bien presentados."

—A. Heather He. Halperin, M.S.W., L.C.S.W., docente universitaria jubilada,
Escuela de trabajo social USC Suzanne Dworak–Peck, Los Angeles, CA

"*Empieza con P* es un libro encantador. Será de gran ayuda para hacer entender a los niños cómo funcionan sus cuerpos. Escrito de manera sensible, graciosa e informativa, este libro los inspirará —antes, durante y después de la pubertad— a ¡estar cómodos en su propia piel!"

—John Santelli, M.D., M.P.H., Salud familiar y poblacional y Pediatría,
Escuela de Salud Pública Mailman, Universidad de Columbia

"Como urólogo pediátrico, veo muchas familias con niños que tienen dificultades con sus sistemas de tracto urinario u órganos reproductores. Educarlos sobre cómo funcionan sus cuerpos y cómo mantenerlos sanos siempre es el primer paso, especialmente cuando hacer 'el número uno' ¡es la prioridad número uno! David L. Hu hace un trabajo maravilloso en presentar información sensible con exactitud y sentido del humor."

—David I. Chu, M.D., M.S.C.E., Urología pediátrica, Chicago, IL

EMPIEZA CON P

Un manual para mamíferos

Escrito por David L. Hu, Ph.D.

Ilustrado por Ilias Arahovitis

Science, Naturally!
Un sello de Platypus Media, LLC
Washington, D.C.

A mis hijos, Harry y Heidi, que me ayudan a crecer como científico y como padre.

Empieza con P: Un manual para mamíferos
Paperback first edition • August 2024 • ISBN: 978-1-958629-28-4
eBook first edition • August 2024 • ISBN: 978-1-958629-61-1

Written by David L. Hu, Text © 2023
Illustrated by Ilias Arahovitis © 2023

Science Consultant: Diane Kelly, Ph.D., University of Massachusetts Amherst
Spanish Translation: Andrea Batista
Translation Consultant: Ali Trujillo

Available in English as The P Word: A Manual for Mammals:
Hardcover first edition • July 2023 • ISBN: 978-1-938492-78-5
Paperback first edition • August 2024 • ISBN: 978-1-938492-79-2
eBook first edition • July 2023 • ISBN: 978-1-938492-80-8

Published in the United States by:
    Science, Naturally! — An imprint of Platypus Media, LLC
    750 First Street NE, Suite 700
    Washington, DC 20002
    202-465-4798 • Fax: 202-558-2132
    Info@ScienceNaturally.com • ScienceNaturally.com

Distributed to the trade by:
    National Book Network (North America)
        301-459-3366 • Toll-free: 800-462-6420
        CustomerCare@NBNbooks.com • NBNbooks.com
    NBN international (worldwide)
        NBNi.Cservs@IngramContent.com • Distribution.NBNi.co.uk

Library of Congress Control Number: 2022947653

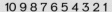

10 9 8 7 6 5 4 3 2 1

Printed in China.

Queridos lectores:

Escribí este libro para mi hijo de 10 años que, como muchos niños de su edad, quiere aprender más sobre su cuerpo. Los temas que elegí para cubrir en este libro son un paralelo a las muchas conversaciones que he tenido con él sobre cuál es la mejor manera de cuidarse a cada edad.

Hay tanto más para decir sobre el pene que el rol que juega en el sexo. Mucho antes de entrar en la pubertad o aprender sobre "los pájaros y las abejas", los niños ya son conscientes de su cuerpo y sus funciones cada vez que usan el baño. Es importante no solo aprender la función del pene, sino también cómo cuidar esta parte del cuerpo.

Cuando buscamos ciencia, miramos a través de microscopios, de telescopios o dentro de libros grandes. Sin embargo, una de las herramientas más importantes que los jóvenes científicos deben aprender a utilizar es el coraje a tener curiosidad sobre el mundo a su alrededor. Hacer preguntas sobre las cosas que nos encontramos todos los días, como nuestra anatomía, no es solo práctico, sino que también es un importante entrenamiento científico.

Para ser un buen científico, no podemos tener miedo de tabúes o temas prohibidos. Debemos ir directamente hacia donde nos lleva nuestra curiosidad. Solo siendo intrépidos tendremos la oportunidad de hacer grandes descubrimientos. ¡Hay tanto por entender aún sobre el pene!

Así que, si tu niño tiene curiosidad sobre su pene, aliéntalo a leer este libro y seguir haciendo preguntas. ¡Un día tal vez descubran una de las respuestas!

David L. Hu, Ph.D.
Profesor de Ingeniería
Mecánica y Biología
Instituto de Tecnología de Georgia

TABLA DE CONTENIDOS

Este libro es sobre el pene, una parte de la anatomía que se encuentra en todos los mamíferos. Cuando explicamos el cuidado y cómo funciona esta parte del cuerpo, no damos por sentado que tener un pene hace que alguien sea un varón. Para más recursos sobre el tema género, ve a la página 52.

¿QUÉ ES EL PENE?

Respuesta corta: es un **órgano**. Igual que el corazón, los pulmones y el cerebro, el **pene** funciona detrás de escena todos los días para mantener a nuestros cuerpos sanos y salvos.

Pero, a diferencia de nuestros otros órganos, podemos ver y tocar nuestro pene porque es un órgano externo (como nuestros ojos o nuestra piel). Tiene algunas tareas importantes.

Estas tareas incluyen hacer pipi (y para algunos animales incluso **marcar** su territorio) y la **reproducción**.

Como el pene humano no está protegido dentro del cuerpo, a diferencia de la mayor parte de nuestros órganos, tenemos que tomar cuidados especiales y asegurarnos de que esté a salvo y que funcione bien.

ENTONCES, ¿QUIÉN (O QUÉ) TIENE UN PENE?

Todos sabemos que los humanos tienen pene (los que tenemos uno lo vemos todos los días). Cuando usamos el baño o nos cambiamos la ropa, siempre está ahí.

Los humanos no son los únicos animales con pene. Todos los mamíferos **biológicamente machos** tienen pene, pero en el caso de insectos, pájaros y reptiles lo tienen solo algunos.

ESO SIGNIFICA QUE...

UN TIGRE,

UN MURCIÉLAGO,

UN PEREZOSO,

UN CANGURO,

Y UN GORILA

...¡TODOS TIENEN UN PENE!

¿SON TODOS LOS PENES IGUALES?

Cada pene es único. Especialmente entre las diferentes especies, los penes vienen en una gran variedad de formas y tamaños.

Los humanos, los simios y los murciélagos tienen penes que cuelgan fuera del cuerpo.

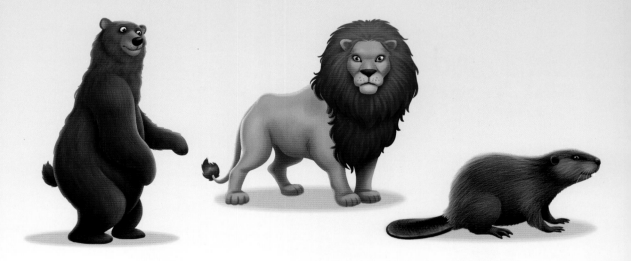

La mayoría de los penes de los otros mamíferos están escondidos, como en el caso de los osos, los leones y los castores.

¿SABÍAS QUE...?

Los gatos tienen espículas en sus penes.

Los equidnas tienen un pene con cuatro cabezas.

El mono vervet tiene un pene rojo oscuro.

Algunas ballenas tienen penes que crecen hasta ocho pies de largo, que es más de dos metros y medio.

INCLUSO ENTRE LOS HUMANOS, NINGÚN PENE ES IGUAL A OTRO.

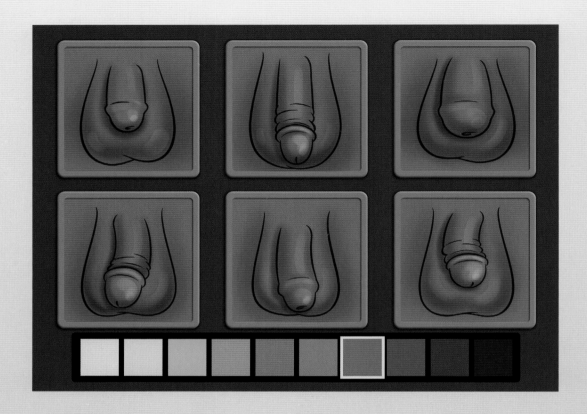

La piel puede ser de una gran variedad de colores ¡y los penes también!

El color de nuestros penes puede ser muy diferente al color de la piel en el resto de nuestro cuerpo, y la forma puede ser derecha o curvada en cualquier dirección.

El largo, el ancho y el tamaño del **eje** del pene y la **cabeza** pueden variar también.

Algunos penes humanos son diferentes a los otros en la punta. Esto es porque algunos niños están circuncisos. La **circuncisión** es la remoción quirúrgica del **prepucio**, la piel suelta que cubre la punta del pene. Cada familia decide si quiere o no circuncidar a sus hijos. Muchos lo eligen por motivos religiosos.

Sin importar su forma o su tamaño, todos los penes tienen el mismo propósito: mantenernos sanos.

Y hacen esto de muchas maneras. Una de las formas en las que nuestros penes nos ayudan a mantenernos sanos es eliminando nuestra **orina**.

¿POR QUÉ HACEMOS PIPI?

La razón principal es simple: porque bebemos agua. Todos los mamíferos, desde la musaraña más pequeña hasta la ballena más grande, necesitan agua para sobrevivir. Es esencial para mantener a nuestros cuerpos funcionando. Sin agua, no seríamos capaces de digerir nuestra comida, mantener la temperatura de nuestro cuerpo o mantener la salud de nuestras células.

El propósito de hacer pipi, que también se llama orinar o **miccionar**, es eliminar el exceso de agua, sales y **toxinas** no deseadas de nuestros cuerpos.

La toxina principal de la que nos tenemos que deshacer se llama **urea** (es fácil de recordar porque la urea está en la orina). La urea se hace del **amoníaco**, una sustancia química peligrosa que producen nuestros cuerpos cuando rompen los alimentos para obtener energía. Mientras que el amoníaco es la sustancia química que se produce en la digestión, el hígado lo convierte en urea, que es una sustancia más segura que el amoníaco.

ESPERA UN MOMENTO—
¿CÓMO HACEMOS PIPI—?

Eliminamos orina a través de nuestro **sistema urinario** (los órganos que crean la orina y nos ayudan a sacarla de nuestro cuerpo).

Empecemos del principio —los **riñones**—.

Todos los mamíferos nacen con dos órganos en forma de frijoles, que se encuentran a cada lado de nuestra columna vertebral, debajo de las costillas y detrás del estómago.

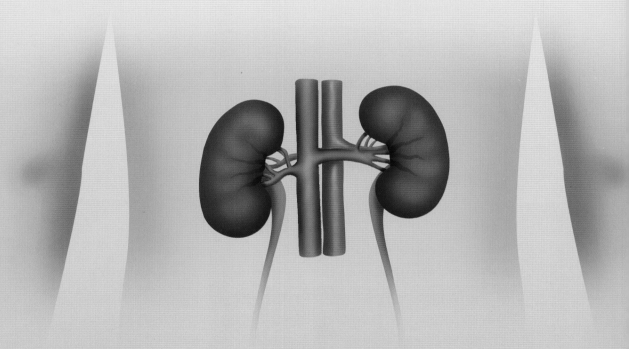

El trabajo de los riñones es limpiar nuestra sangre. De hecho, toda la sangre de nuestro cuerpo pasa a través de los riñones ¡40 veces por día! Durante esta limpieza, los riñones juntan desperdicios, agua residual y sal de la sangre y los convierten en orina.

¿Ves los dos tubos que salen hacia abajo de nuestros riñones? Son los **uréteres**.

Los uréteres son los canales por los cuales la orina sale de los riñones y entra en la **vejiga urinaria** (un órgano hueco y muscular que guarda la orina hasta que se elimina) en su camino para salir de nuestro cuerpo.

Cuando la vejiga está llena, el **sistema nervioso** alerta al cerebro que es tiempo de vaciarla. ¡Así es cómo sabemos cuándo tenemos que ir!

Hay dos maneras de eliminar orina: apretando activamente la vejiga o dejando que drene como el agua en el fregadero. Nuestra vejiga urinaria es controlada por un músculo similar a un tapón de lavamanos llamado **esfínter** que, cuando se relaja, deja que la vejiga empuje la orina hacia afuera. Los bebés no saben controlar este músculo, así que cuando tienen que ir, simplemente van (es por eso que los pañales son tan prácticos).

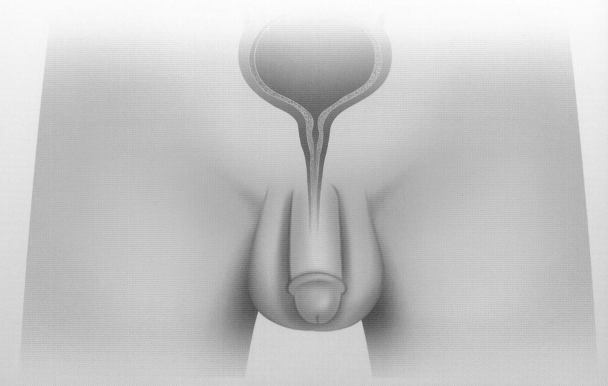

La **uretra** es un conducto a lo largo del pene. Es la última parada para nuestra orina antes de salir de nuestros cuerpos. La uretra termina con la apertura en la punta del pene desde donde finalmente se elimina la orina.

Un pene te permite hacer pipi parado. Esto es probablemente la mejor característica de su diseño —¡especialmente si estás en el bosque—! La uretra generalmente apunta hacia abajo y lejos de nuestro cuerpo. Al igual que el agua fluye hacia abajo en un tobogán de agua, la orina sigue el camino de la uretra dentro del pene y se arquea a través del aire hasta que cae.

El color de nuestro pipi está determinado por la cantidad de agua que bebamos, de lo que comemos, y las vitaminas que hay en esos alimentos. Típicamente, la orina puede tener distintos tonos de amarillo, dependiendo de cuan **hidratados** estemos. Cuanto más oscura es la orina, menos agua tenemos en nuestro cuerpo. Eso significa que la orina amarillo oscuro nos indica que tenemos que beber más agua.

¡Y esto es universal! Todos los mamíferos hacen pipi en algún tono del amarillo, no solo los humanos.

El color de la orina puede estar afectado también por ciertos alimentos, como la remolacha, las moras, el ruibarbo y las habas.

Para algunas personas, comer espárragos cambia el olor de su orina (¡y no para mejor!).

¿CUÁNTO TARDAMOS EN HACER PIPI?

Investigaciones (ejem… ¡de este autor!) encontraron que todos los mamíferos de más de 3 kilogramos, o aproximadamente 7 libras, orinan por 21 segundos cada vez, de media. En promedio quiere decir que el tiempo puede ser más largo o más corto, pero que 21 segundos es típico.

HUMANOS	**LEÓN**	**ZEBRA**
23 segundos	36 segundos	8 segundos
500 mL / 0,13 gal	2125 mL / 0,56 gal	4250 mL / 1,12 gal

Los mamíferos más grandes beben más que los más pequeños y tienen vejigas urinarias más grandes, así que tienen más orina para eliminar. Sin embargo, una uretra más larga les permite eliminar la orina a una velocidad más alta. Por lo cual para la mayoría de los mamíferos grandes o pequeños (mientras que tengan más de 3 kilogramos), el tiempo que pasan haciendo pipi no cambia tanto.

RINOCERONTE DE LA INDIA
20 segundos
9000 mL / 2,38 gal

ELEFANTE
22 segundos
18000 mL / 4,76 gal

HACER PIPI EN PLENO VUELO

Sin importar dónde estemos o qué estemos haciendo, tenemos que hacer pipi de seis a ocho veces por día. Incluso si tratamos de contener nuestra vejiga lo más que podamos, nuestros cuerpos van a eliminar orina cuando lo necesite.

Entonces, ¿qué pasa cuando no estamos cerca de un baño —o ni siquiera en nuestro planeta—?

A veces los pilotos de guerra necesitan hacer pipi cuando están en la cabina de vuelo. Aquí es cuando un "Piddle Pack", una bolsita de plástico hermética con material absorbente, resulta muy útil.

Hay un mamífero que orina en pleno vuelo: el murciélago. Cuando están fuera de sus refugios los murciélagos hacen pipi en el aire. Cuando están en sus refugios, los murciélagos se dan vuelta para estar cabeza arriba y hacen pipi colgando de sus pulgares. *Una lección que hemos aprendido aquí: ¡cubramos nuestras cabezas siempre que estemos cerca de murciélagos!*

¿Y cómo hacen los astronautas? Cuando están en el espacio, de hecho, tienen que usar unos pañales para adultos dentro de sus trajes espaciales (¡los pañales no son solo para bebés!).

Los pañales funcionan muy bien, pero a ningún adulto le gusta usarlos. Los científicos están siempre pensando en nuevos dispositivos para lidiar con la orina. El desafío "Caca Espacial" de la NASA es una de las formas en las que los científicos trabajan para crear un traje espacial que pueda eliminar la orina y la caca automáticamente para mantener a los astronautas limpios.

HACER PIPI EN EL MAR

¿Cómo van al baño los buzos?

La mayoría de las veces, simplemente hacen pipi en sus trajes de neopreno. Esto ayuda a que no tengan que apurarse para volver a la orilla y ¡acortar su inmersión!

Entonces, ¿las ballenas y el resto de los mamíferos marinos también hacen pipi?

Sí. Y probablemente no te sorprenda saber que las ballenas producen más orina que cualquier otro animal, ya que son los animales más grandes.

¿Y todo esa orina... es malo para el océano?

No lo es. Mientras que demasiada orina proveniente de los animales terrestres (como las vacas o los cerdos) pueden dañar el **ecosistema oceánico**, la orina de las ballenas, peces, lobos marinos y otros animales marinos es en verdad saludable para el océano.

Las ballenas hacen pipi cerca de la superficie del agua, y proveen TONELADAS de nutrientes para peces —la orina de las ballenas, de hecho, ayuda a nutrir a plantas microscópicas llamadas **fitoplancton** de las cuales se alimentan muchos peces—. También ayuda a mantener vivos y sanos a los arrecifes de coral.

HACER PIPI EN LA NATURALEZA

¿Has notado alguna vez "la zona de rociado" en el zoológico?

El cartel está ahí para advertirle a los humanos que los animales, como los leones y los tigres, marcan su territorio haciendo pipi.

Si te acercas mucho, ¡pueden marcarte accidentalmente!

A los humanos también les gusta marcar su territorio. Lo hacemos cuando buscamos un lugar al que llamamos hogar. Puede estar separado de otras áreas por paredes, cercos o por un jardín.

La mayoría de la gente se conforma con disfrutar de su espacio, pero otros quieren asegurarse que todos sepan que deben mantenerse alejados. A veces cuelgan carteles que dicen "Prohibido el paso" o "No pasar. Propiedad Privada".

Los mamíferos son iguales. La mayoría se limita a vivir en su **hábitat**, pero algunos quieren dejar claro que ningún extraño debería poner un pie (o pata o pezuña) dentro de su "hogar".
En lugar de poner un cartel, usan sus penes para marcar su territorio con orina, como una forma de comunicarse con los animales cercanos.

PERO LOS HUMANOS NO USAMOS NUESTROS PENES PARA MARCAR NUESTRO TERRITORIO ¿NO?

¡Es cierto! Aunque los humanos hemos encontrado muchas formas de marcar nuestro hogar sin orina, muchos mamíferos siguen utilizando el pene para rociar una zona y reclamarla como propia.

Los humanos no tienen un sistema olfativo (el sentido del olfato) muy sensible. Lo que a nosotros solo nos "huele a orina", a otros mamíferos les puede dar más información. Solo olfateando la orina de un mamífero, los animales pueden distinguir la especie, e incluso la salud y la fuerza del animal que dejó su marca.

Por eso nuestros perros pasan tanto tiempo olfateando las colas de otros perros y los buzones de los vecinos, asegurándose de hacer un poquito de orina donde sea posible.

MARCADOS ÚNICOS DE MAMÍFEROS

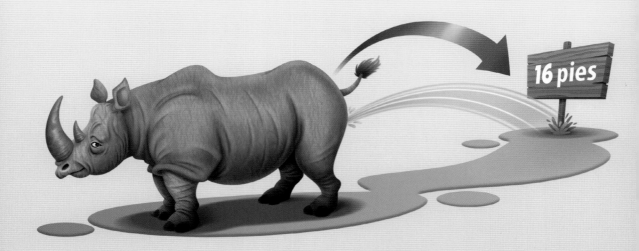

Los tigres y los rinocerontes usan sus penes para rociar hacia atrás y así alcanzar la mayor distancia posible.

Algunos rinocerontes indios han sido capaces de rociar con su orina ¡hasta 16 pies de distancia (que es casi cinco metros)!

Los dueños de gatos conocen muy bien el olor de las cajas de arena, pero ¿cuál es la razón para ese mal olor?

En la orina del gato hay una sustancia química llamada felinina que aumenta su olor con el tiempo. En la naturaleza, la felinina sirve para marcar el territorio, manteniendo el rastro por más tiempo, pero para los gatos hogareños ¡puede hacer que la casa tenga un olor horrible!

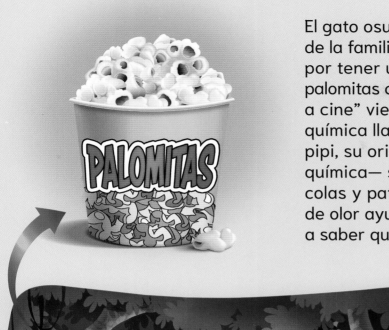

El gato osuno negro, un miembro de la familia Civeta, es conocido por tener una orina que huele a palomitas con mantequilla. El "olor a cine" viene de una sustancia química llamada 2AP. Al hacer pipi, su orina —y la sustancia química— se impregna en sus colas y patas. Dejar este rastro de olor ayuda a los gatos osunos a saber que hay otros cerca.

Ahora sabemos que hacer pipi puede ser una forma de comunicación. Ya sea nuestra vejiga que nos dice que tenemos que ir al baño o la orina de un mamífero diciéndole a otros mamíferos que no se acerquen, ¡la orina puede decir mucho!

Al igual que la orina, nuestros penes nos dicen qué está pasando en nuestros cuerpos. Y a veces nuestros penes pueden cambiar de forma o tamaño para indicar un cambio en nuestro cerebro... pero, ¿cómo funciona eso?

¿QUÉ SIGNIFICA CUANDO NUESTROS PENES SE PARAN O SE PONEN DUROS?

Esto se llama **erección**, y tener una es totalmente normal. Básicamente, una erección es la forma en la que nuestro pene se ejercita. Nuestros cuerpos están trabajando constantemente para mantenernos sanos, pero mucho de ese trabajo se realiza sin que nos demos cuenta. Como nuestros penes están fuera del cuerpo, las erecciones nos resultan más obvias que el bombeo de sangre de nuestros corazones o la contracción y relajación de nuestros músculos.

Las erecciones son una reacción natural de nuestro cuerpo a nuestro entorno. Puede ser el resultado de un contacto o un pensamiento, o pueden incluso suceder sin ninguna razón particular o sin ninguna advertencia.

ENTONCES, ¿CÓMO SE PRODUCE UNA ERECCIÓN?

Piensa en cómo la sangre corre hacia nuestra cabeza cuando nos paramos de manos. Tener una erección es una experiencia similar, excepto que la sangre corrió hacia nuestro pene.

La sangre fluye a través de lo que se llama el **cuerpo cavernoso**, un laberinto de tejido esponjoso y vasos sanguíneos. Cuando el pene se llena con sangre, comienza a ponerse duro y a elevarse.

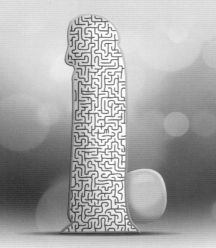

Todos los adultos saben qué son las erecciones y entienden que son una parte natural de la vida. No sientas vergüenza de hacer preguntas a tus padres, a un doctor o a un adulto en quien confíes.

Nadie puede mirar o tocar tu cuerpo o tu pene sin tu **consentimiento**. Por ejemplo, no darías siquiera un abrazo a alguien a menos que te diera su permiso. Si te sientes incómodo con alguien que te pide ver o tocar tu pene o que tú veas o toques el suyo, no des tu consentimiento. Sentirte incómodo suele ser señal de que no quieres hacerlo. ¡Diles que NO! Si ese alguien no te escucha cuando dices que no, habla con un adulto de confianza.

ERECCIONES EN LA NATURALEZA

Aunque somos parientes cercanos de otras especies de mamíferos, las erecciones en la naturaleza pueden ser muy diferentes a lo que los humanos estamos acostumbrados.

Para algunos mamíferos, una erección no solo es el resultado de un flujo más alto de sangre. Muchos mamíferos tienen un hueso llamado **báculo** dentro de su pene que les da rigidez, incluyendo el lobo gris (aunque sea difícil verlo bajo todo su pelaje).

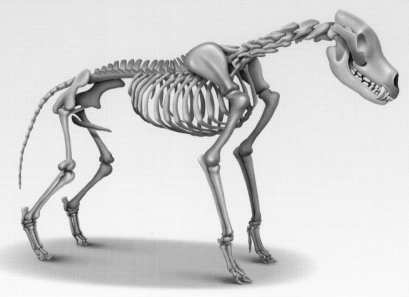

¿POR QUÉ OCURRE UNA ERECCIÓN?

Nuestros cuerpos pasan por muchos cambios mientras crecemos y nos convertimos en adultos sanos.

En la infancia, las erecciones vienen y van, muchas veces sin que nos demos cuenta.

Pero todo cambia cerca de la edad de 10 años.

¿QUÉ PASA ENTONCES?

¡La **pubertad**! Todos hemos oído esa palabra y sabemos que significa que nuestros cuerpos van a atravesar cambios importantes: la pubertad es la transición de nuestros cuerpos de la infancia a la adultez.

Estos cambios se producen a diferentes momentos para cada uno. Puede ser tan pronto como a los 9 años o tan tarde como a los 14, pero sin importar cuándo ocurre, la pubertad es una parte natural de crecer.

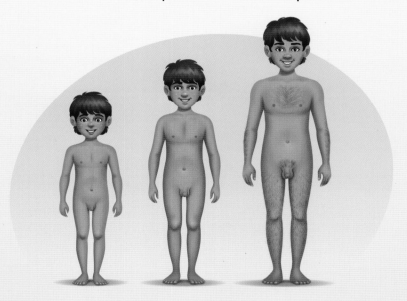

La pubertad usualmente empieza porque nuestros cuerpos comienzan a producir una **hormona** llamada **testosterona**. Una vez que sucede, empezamos a crecer en altura, nuestras voces se hacen más graves, y puede ser que notemos pelo debajo del brazo, en nuestras caras y en la **zona púbica** (más información sobre esta zona y las partes de cuerpo que la componen en la página 54).

Como la pubertad es el período de mayor crecimiento, el pene, el **escroto** y los **testículos** van a crecer también. Durante y después de la pubertad, el tamaño, largo o ancho de nuestro pene y testículos pueden cambiar. Pequeño o grande, ancho o angosto, diferentes tamaños, largos y anchos son todos comunes y saludables.

¿Y ESO QUÉ TIENE QUE VER CON LAS ERECCIONES?

Cuando llegamos a la pubertad, nuestras erecciones llegan hasta lo que llamamos **eyaculaciones** o la expulsión de **semen**.

Aunque no empezamos a producir espermatozoides y semen hasta que llega la pubertad, es importante entender cómo funcionan nuestros cuerpos a cada edad así estamos mejor preparados para los cambios a venir.

El semen es uno de los dos líquidos que salen de nuestros penes (el otro es la orina). Es una mezcla compleja que contiene millones de células especiales llamadas **espermatozoides** que participan en la reproducción.

Como una fábrica, los testículos son el primer paso para crear y "empaquetar" los espermatozoides que van a ser expulsados.

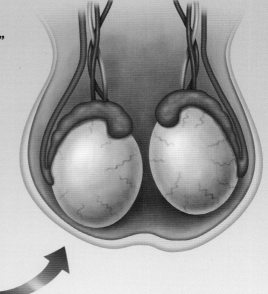

Los testículos están dentro de un saco de piel llamado escroto, que puede actuar ¡como nuestro propio termómetro! Si hace frío afuera, el escroto empuja los testículos hacia arriba para acercarlos al cuerpo. Si hace calor, deja que los testículos cuelguen lejos del cuerpo.

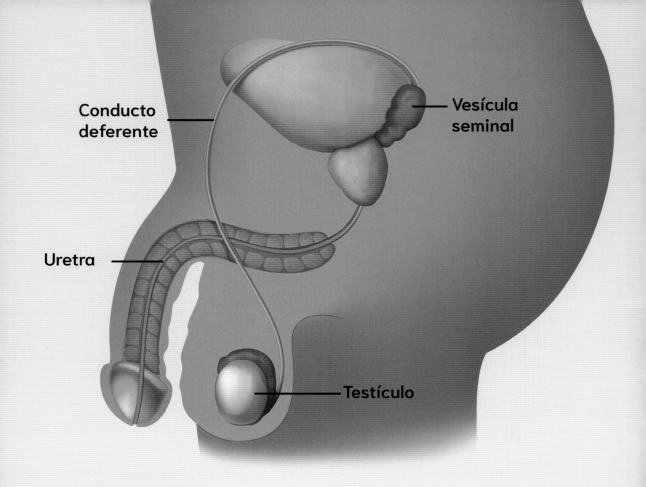

Conducto deferente

Vesícula seminal

Uretra

Testículo

Cuando los espermatozoides están listos para ser expulsados, viajan desde los testículos a través del **conducto deferente**. Este conducto muscular va por encima y alrededor de la vejiga y conecta con la uretra.

El conducto deferente es como una vía de tren que los espermatozoides siguen en su camino hacia la **vesícula seminal**. Ahí es donde el semen y los espermatozoides se combinan. El rol principal del semen es mantener los espermatozoides sanos cuando se van del cuerpo a través de la eyaculación.

Es posible que tu primera eyaculación ocurra durante un **"sueño húmedo"**. Nos despertamos con una mancha húmeda y pegajosa en nuestro pijama o en nuestras sábanas, pero no por haber hecho pipi en la cama. Si esto pasa, solo significa que has tenido una erección y eyaculaste mientras estabas dormido.

¿QUÉ TAN RÁPIDO ES EL SEMEN?

Pedos	Semen	Tos	Estornudo
11 kph / 9 mph	45 kph / 28 mph	100 kph / 62 mph	160 kph / 100 mph

¿Y QUÉ PASA EN EL MUNDO MAMÍFERO?

Como ya sabemos, los humanos tienen testículos que cuelgan por fuera de sus cuerpos, pero para algunos mamíferos los testículos no son visibles. En algunos están tapados por el pelaje y resguardados entre las piernas (como en el caso del lobo gris), en otros (como los elefantes) los testículos están directamente dentro de sus cuerpos.

Al igual que los humanos, la mayoría de los mamíferos tienen testículos fuera del cuerpo, sin embargo, sus escrotos muchas veces tienen diferentes formas y tamaños. El mono vervet tiene un escroto azul brillante —el más colorido de todos los mamíferos—.

¿POR QUÉ NUESTROS CUERPOS CREAN ESPERMATOZOIDES Y EXPULSAN SEMEN?

¡Para reproducirse!

La reproducción es lo que hace que la vida humana sea posible y es necesaria para la supervivencia de todas las especies de seres vivos. Para los mamíferos, una pieza clave para tener descendencia está en el semen.

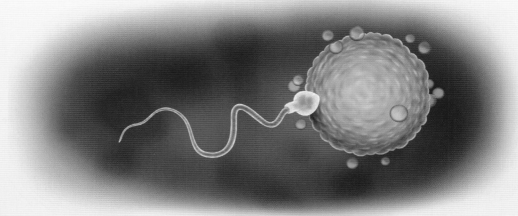

Para producir descendencia, un espermatozoide tiene que conectarse con un huevo u óvulo. No todas las eyaculaciones van a terminar en reproducción porque el espermatozoide no puede producir descendencia por sí solo.

Cuando está unido a un óvulo, la combinación tiene todas las instrucciones e ingredientes para empezar a hacer crecer una cría mamífera.

Aunque el sistema reproductor es esencial para mantener las especies vivas, a diferencia de cualquier otro sistema del cuerpo, no es esencial para mantener al individuo vivo.

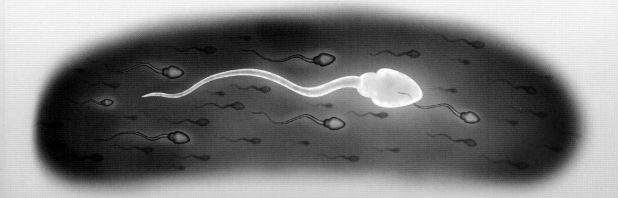

Los espermatozoides son células pequeñísimas. Aunque solo se expulsa una pequeña cantidad de semen con cada eyaculación, puede contener hasta 900 millones de espermatozoides. El cuerpo está continuamente haciendo nuevos espermatozoides hasta una edad avanzada.

LA REPRODUCCIÓN EN EL MUNDO MAMÍFERO

Los conejos europeos pueden tener hasta 130 bebés en su vida (¡imagina tener tantos hermanos!).

Los orangutanes son los que se reproducen menos de todos los mamíferos no humanos: tienen solo un bebé cada 6–8 años.

¿CÓMO PODEMOS MANTENER NUESTRO PENE EN PERFECTO ESTADO?

Nos lavamos y nos mantenemos limpios no solo para eliminar la suciedad que se acumula durante el día, sino también para eliminar los gérmenes, como las **bacterias** y los **virus**.

Los gérmenes pueden enfermarnos y afectarnos durante todo el año. Jabón, agua y baños regulares mantienen a los gérmenes bajo control y ayudan a nuestros cuerpos a mantenerse sanos. Cada vez que vayas al baño, aunque no hagas caca, es importante que te laves las manos con jabón.

Una de las formas en que las bacterias pueden afectar el pene es causando una **infección del tracto urinario**. Estas infecciones, también conocidas como ITUs, son causadas por bacterias que entran a la vejiga, la uretra, o en casos más graves, a los riñones. Sentir dolor al orinar puede ser un síntoma de ITU.

A medida que crecemos, debemos aprender que hay una serie de enfermedades que una persona puede contagiar a otra. Así como una persona puede pasarte un resfriado, las infecciones en el pene pueden pasarse entre personas que tienen un contacto muy próximo con la zona púbica de otra persona.

¡Mantente sano, mantente limpio!

Cuando hagas orina:

- Sé amable. Haz pipi dentro de los urinales y no al costado de ellos.

- Cuando uses un inodoro, levanta el asiento y apunta dentro del mismo.

- Si no embocas, asegúrate de limpiarlo, el próximo usuario lo va a apreciar.

Cuando te duches:

- Lava tu pene con solo un poco de un jabón suave, y asegúrate de enjuagarlo bien.

- Si tu pene tiene prepucio, lava por debajo de él al menos un par de veces a la semana.

¿Has notado un material blanco alrededor del prepucio? Eso se llama **esmegma** y significa que ¡es hora de lavarse!

¡TODOS LOS MÁMIFEROS MANTIENEN SUS PENES LIMPIOS!

Como sabemos, los humanos, los simios, los murciélagos, e incluso los gatos y los perros, tienen penes que están expuestos y desprotegidos, por lo que mantenerlos limpios es especialmente importante.

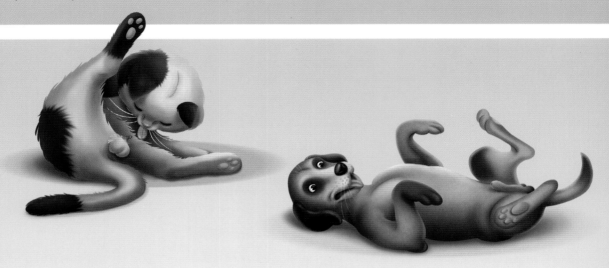

Los gatos y los perros lamen sus penes frecuentemente después de hacer pipi para mantenerlos limpios y saludables.

Los chimpacés budongo usan hojas de árboles como papel higiénico para limpiar sus penes.

¡MANTENER EL PENE A SALVO EN LA NATURALEZA Y EN EL CAMPO DE JUEGO!

Los mamíferos caminan en cuatro patas, vuelan por el aire o nadan en el mar, y la mayoría puede retraer sus penes cuando no los utilizan para mantenerlos a salvo.

Los humanos no tienen esta **adaptación** así que contamos con ropa y otras prendas protectoras para resguardar nuestras partes privadas expuestas.

Muchos deportes de contacto, como el fútbol, baseball, hockey, y esgrima, exigen que los deportistas usen equipamiento especial para proteger su zona púbica. El **suspensorio** está hecho de una banda elástica y una copa de plástico duro que evita que el pene se lastime si recibe un golpe.

¿HEMOS APRENDIDO TODO?
¿QUÉ MÁS QUEDA POR APRENDER?

Este libro es solo una introducción a uno de los muchos órganos que nos mantienen vivos y sanos.

El pene elimina los desechos, marca territorios, crea vida nueva, y te comunica cosas sobre tu salud.

Conocer su importante rol en mantenernos sanos es esencial para tener orgullo y respeto por este órgano.

A lo largo de nuestras vidas, el pene crece y cambia. Has aprendido nuevo vocabulario y ahora entiendes mejor el funcionamiento interno del cuerpo, pero siempre hay más para aprender. Lo mejor que podemos hacer es seguir aprendiendo y teniendo curiosidad sobre nuestros cuerpos siempre cambiando.

GLOSARIO

Adaptación – Un proceso biológico donde los seres vivos cambian para poder sobrevivir en su hábitat, usualmente se extiende por un período largo de tiempo.

Amoníaco – Una sustancia química producida cuando el cuerpo digiere el alimento y lo convierte en energía; no tiene color, pero tiene un olor fuerte.

Bacterias – Seres vivos simples y microscópicos; la mayoría cumplen un rol importante en la ecología de la Tierra, pero algunas pueden hacer que una persona se enferme.

Báculo – Un hueso que se encuentra en el pene de muchos mamíferos.

Biológicamente macho/varón – Término utilizado para describir a las personas y animales que han nacido con cromosomas XY y órganos reproductores masculinos.

Cabeza del pene – También conocida como glande; la punta redondeada que es un poco más ancha que el resto del pene.

Circuncisión – Extirpación del prepucio del pene, normalmente poco después del nacimiento del bebé.

Conducto deferente – Tubo largo que transporta los espermatozoides a la uretra para prepararlos para la eyaculación.

Consentimiento – Estar de acuerdo o dar permiso a una persona para que algo ocurra.

Cuerpo cavernoso – Tejido a lo largo del cuerpo del pene que contiene vasos sanguíneos laberínticos que se llenan de sangre para producir una erección.

Ecosistema oceánico – Red de vida que conecta todas las cosas que viven en el océano; el ecosistema oceánico es el mayor ecosistema del mundo.

Eje del pene – Parte principal del pene que se extiende desde el bajo vientre hasta la punta de la cabeza y contiene la uretra y el cuerpo cavernoso.

Erección – Endurecimiento del pene al llenarse de sangre, normalmente como respuesta a un estímulo.

Escroto – Piel que cuelga debajo y detrás del pene y que contiene los testículos.

Esfínter – Músculo que puede abrir y cerrar determinadas partes del cuerpo, como la vejiga.

Esmegma – Sustancia blanca y espesa compuesta por células cutáneas desprendidas, aceites de la piel y humedad que se acumula bajo el prepucio.

Espermatozoides – Células nadadoras diminutas contenidas en el semen; la reproducción comienza cuando un espermatozoide se une a un óvulo.

Eyaculación – Expulsión de semen.

Fitoplancton – Diminutas plantas microscópicas que sirven de alimento a muchas partes diferentes del ecosistema oceánico.

Hábitat – Entorno natural en el que vive un animal, una planta u otro organismo.

Hidratado/a –Tener suficiente agua dentro del cuerpo para que sus órganos funcionen correctamente.

Hormonas – Sustancias químicas especiales que controlan y regulan la actividad de determinadas células u órganos del cuerpo para que éste funcione correctamente.

Infección del tracto urinario (ITU) – Infección dolorosa causada por bacterias en cualquier parte del sistema urinario: riñones, vejiga, uréteres o uretra.

Marcado – También conocido como rociado; comportamiento utilizado por los animales para notificar a otros animales que han reclamado una zona u objeto.

Micción – Proceso de expulsión de orina de la vejiga.

Órgano – Grupo autónomo de células y tejidos del interior de un cuerpo que desempeñan una función vital específica.

Orina – Líquido acuoso producido por los riñones que contiene un exceso de agua, sal y toxinas no deseadas. Se almacena en la vejiga hasta que es finalmente expulsada.

Pene – Órgano situado en la ingle, formado por la cabeza, el prepucio y el eje o cuerpo.

Prepucio – Capa de piel que cubre la cabeza del pene. El prepucio está presente al nacer, pero algunos padres deciden removerlo. Véase **Circuncisión.**

Pubertad – Periodo de la vida, normalmente entre los nueve y los 14 años , en el que un niño empieza a experimentar cambios en su cuerpo, incluidos cambios físicos y hormonales, que marcan la transición a la edad adulta.

Reproducción – Proceso biológico que crea una nueva vida; en los seres humanos y otros mamíferos, se produce cuando un espermatozoide se une a un óvulo.

Riñones – Dos órganos en forma de frijol, situados a cada lado de la columna vertebral, debajo de la caja torácica, que limpian la sangre recogiendo los desechos y el agua sobrante, que luego se convierte en orina.

Semen – Líquido procedente del pene que contiene espermatozoides y los nutrientes necesarios para mantenerlos sanos.

Sistema nervioso – Sistema muy complejo que indica al cuerpo qué hacer y cómo moverse enviando señales entre las distintas partes del cuerpo.

Sistema urinario – Conjunto de órganos que trabajan juntos para producir orina y ayudar a expulsarla del cuerpo.

Sueño húmedo – Eyacular o expulsar semen mientras se está dormido.

Suspensorio – Ropa interior especial para proteger el pene y el pubis durante la práctica deportiva.

Testículos – También llamados gónadas; producen espermatozoides y testosterona.

Testosterona – Hormona producida principalmente en los testículos que es crucial para la pubertad y el desarrollo del organismo; indica al cuerpo que empiece a crear espermatozoides y semen.

Toxinas – Productos de desecho muy concentrados que son peligrosos si se acumulan y permanecen en el organismo.

Urea – Producto de desecho que se encuentra en la orina y que se genera cuando el hígado descompone el amoniaco.

Uréteres – Conductos que transportan la orina desde los riñones hasta la vejiga.

Uretra – Conducto que sale de la vejiga a lo largo del cuerpo del pene y transporta la orina y el semen fuera del cuerpo.

Vejiga urinaria – Órgano hueco y muscular de la pelvis que contiene la orina hasta que se vacía.

Vesícula seminal – Órgano situado en la parte inferior de la vejiga, donde los espermatozoides se combinan con los nutrientes para formar el semen.

Virus – Organismos microscópicos que sólo pueden reproducirse dentro de células vivas; algunos tipos de virus pueden causar enfermedades.

Zona púbica – También conocida como ingle; zona de la cadera situada entre el abdomen y el muslo; en los varones biológicos, incluye el pene y los testículos.

RECURSOS ADICIONALES

Probablemente no hemos respondido todas tus preguntas, pero al menos habremos empezado una conversación. Aquí hay algunos otros recursos para aprender más:

- Amaze.org

- *¿Qué me está pasando? Una guía para chicos* por Scott Todnem

- TED Talk – Diane Kelly: Lo que no sabíamos sobre la anatomía del pene (What we didn't know about penis anatomy) Subtítulos en español disponibles

- PlanetPuberty.org.au

- KidsHealth.org

Para información sobre género, explora estos recursos:

- GenderSpectrum.org

- *Soy Jazz* de Jazz Jennings

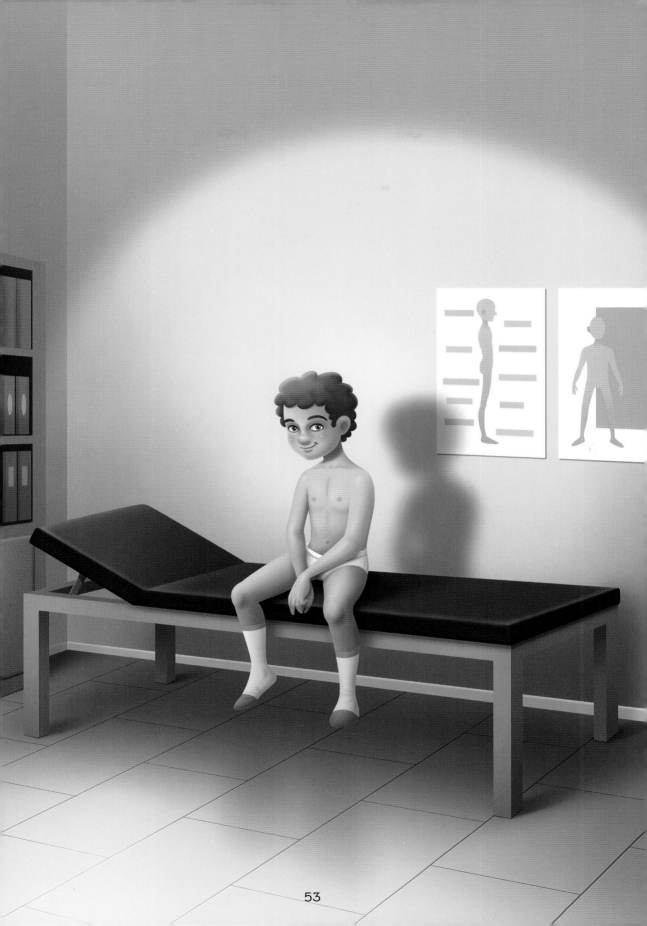

ANATOMÍA DEL PENE

1 **Zona púbica o ingle**
Zona de la cadera situada entre el abdomen y el muslo, donde termina el abdomen y comienzan las piernas. Esta zona, al igual que las axilas, no tiene vello en los niños, pero luego le crece vello durante la pubertad.

2 **Pene**
El pene tiene tres partes: la cabeza, el prepucio y el eje. Tiene tres funciones principales: transportar la orina fuera del cuerpo, marcar el territorio y transportar los espermatozoides para la reproducción.

3 **Cabeza**
La cabeza del pene es la punta redondeada, también llamada glande. Es un poco más ancha que el resto del pene. La punta de la cabeza es por donde sale la orina.

4 **Prepucio**
Al nacer, el pene tiene un capuchón de piel, llamado prepucio, que cubre la cabeza del pene. Algunos padres deciden sacar el prepucio poco después del nacimiento. Esto se denomina circuncisión. Es una práctica común en algunos lugares y casi desconocida en otros.

5 **Eje o cuerpo**
La parte principal del pene se denomina eje o cuerpo. Se extiende desde el bajo vientre hasta la base de la cabeza. La uretra, el conducto que transporta la orina desde la vejiga hasta el exterior del cuerpo cuando se orina, recorre la longitud del eje.

6 **Escroto**
El escroto es la piel que cuelga debajo y detrás del pene. Contiene a los testículos y los mantiene a la temperatura adecuada.

7 **Testículos**
Los testículos se encuentran en el interior del escroto. Son dos órganos redondos encargados de producir espermatozoides y testosterona.

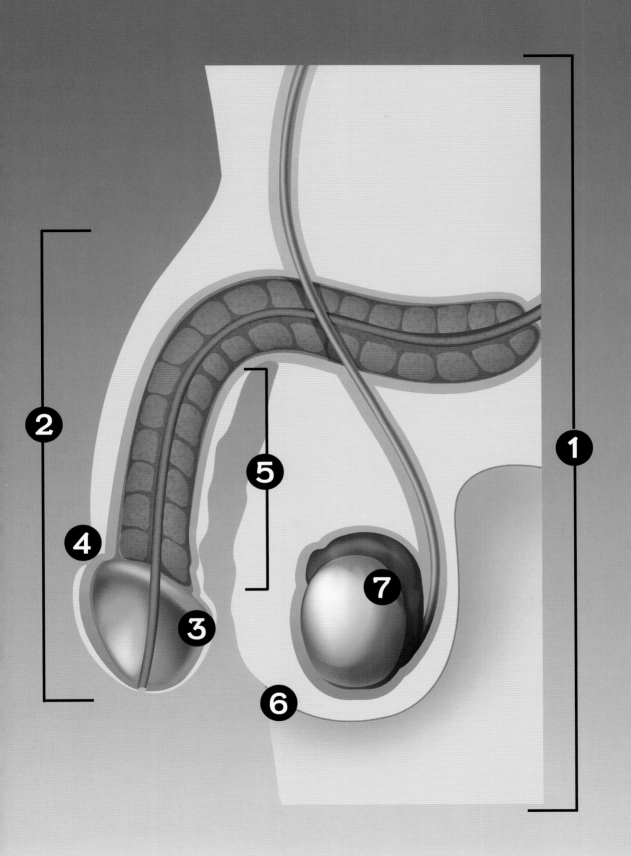

DR. DAVID L. HU es un ingeniero mecánico y biológico que estudia las interacciones de los animales con el agua. Descubrió cómo los perros se sacuden para secarse, cómo los insectos caminan sobre el agua y cómo las pestañas evitan que los ojos se sequen. Durante su carrera, ganó el premio Ig Nobel en Física, el premio a la carrera de la Fundación Nacional de Ciencia y el premio científico Piña.

Las investigaciones del Dr. Hu han aparecido en *The Economist*, *The New York Times*, *Saturday Night Live* y *Highlights for Children*. Es autor del libro de no ficción para adultos jóvenes *How to Walk on Water and Climb Up Walls* (Cómo caminar sobre el agua y trepar por las paredes). Profesor en Georgia Tech, el Dr. Hu vive con su mujer y sus dos hijos en Atlanta, Georgia.

ILIAS ARAHOVITIS nació en Sudáfrica y creció en Atenas (Grecia). En sus primeros años utilizó el suelo y las paredes como lienzo, pero a los cinco años empezó a pintar al óleo. Ilias se licenció en la Escuela de Arte y Diseño AKTO, y ahora se especializa en libros infantiles, habiendo ilustrado numerosos libros durante los últimos 25 años.